G. BERGE

EN TIROL ET A VIENNE

COURSE COLLECTIVE

de la Section Lyonnaise

du « Club Alpin Français »

Du 13 au 31 Août 1906

Extrait de la *Revue Alpine* de Février et Mars 1907.

LYON

IMPRIMERIE ET LITHOGRAPHIE A. GENESTE

71, rue Molière, 71

—

1907

Très amical hommage

Imp. E. Ville

Cliché G. Berge

Grossglockner

VU DU GLACIER DE PASTERZEN

EN TIROL ET A VIENNE

G. BERGE

EN TIROL ET A VIENNE

COURSE COLLECTIVE

de la Section Lyonnaise

du « Club Alpin Français »

Du 13 au 31 Août 1906

Extrait de la *Revue Alpine* de Février et Mars 1907

LYON

IMPRIMERIE ET LITHOGRAPHIE A. GENESTE

71, rue Molière, 71

—

1907

En TIROL et à VIENNE

COURSE COLLECTIVE

de la Section Lyonnaise du « CLUB ALPIN FRANÇAIS »

Du 13 au 31 Août 1906

Comment se peut-il qu'il y ait encore dans la ville de Lyon
« quelques » personnes n'appartenant pas au Club Alpin ?
Sans doute ces infortunés ignorent le bonheur dont ils se
privent. La pièce de vingt francs qui reste au fond de leur
poche n'est qu'un petit rond de métal jaune comme tant
d'autres, tandis que s'ils la remettaient au trésorier de la
Section Lyonnaise, cette pièce leur vaudrait l'introduction
dans une société de collègues charmants et charmantes, la
participation aux courses collectives sous la conduite d'alpinistes expérimentés, des conférences avec projections
suggestives, la lecture si attachante de la *Revue Alpine*, illus-
trée par de splendides gravures et le talent de ses écrivains,
et enfin, parmi tant d'autres avantages trop longs à énumérer,
la faculté d'employer leurs vacances à visiter la Dalmatie,
Constantinople, la Grèce, la Palestine, l'Egypte, ou le Tirol,
avec des commissaires éprouvés et aimables comme MM.
Guigard, Faist, Burelier, Dannhauser, et d'autres encore à
qui vont la reconnaissance et l'admiration de leurs compagnons de voyage.

C'est ainsi qu'aux vacances dernières, le doux privilège de
membre de la Section Lyonnaise me valait d'être informé
qu'une course collective était organisée en Tirol pour le
mois d'août.

Le bonhomme de Nadaud se plaignait de n'avoir pas
encore vu Carcassonne, mais combien ils seraient dans leur
tort les collègues lyonnais qui se plaindraient de n'avoir pas
encore vu le Tirol..!

Vingt-trois d'entre eux ont gardé le souvenir de la triomphale tournée de 1903 à travers les cimes dorées des Dolomites et les glaciers étincelants de l'Ortler sous la direction habile de M. Faist.

Moins nombreux furent les participants de la dernière course de 1906, un peu moins favorisés par le temps, mais si le remarquable programme de M. Dannhauser n'a pu être exécuté dans sa beauté intégrale, les « morceaux » en furent bons. Les abrupts casse-cous des Wilden Kaiser, si appréciés de notre commissaire, le Zillerthal aux fraîches vallées, l'imposant massif du Gross Glockner furent des étapes chères à nos cœurs d'alpinistes, et pour clôturer dignement le voyage, quelle charmante réception nous attendait dans la Raxe Alpe et à Vienne de la part des touristes autrichiens !

Mais n'anticipons pas sur les événements qui commencent à :

Genève, où j'arpente, vers minuit, le trottoir intérieur de la gare de Cornavin en attendant la caravane de la Section Lyonnaise.

Il arrive avec la demi-heure de retard réglementaire aux époques de fêtes.

Pourquoi IL, me direz-vous, caravane est du féminin ?

Concedo : mais de quel sexe est une caravane lorsqu'elle comprend, comme c'était le cas, un seul touriste en la personne de notre sympathique collègue M. Blanc ?

J'appris de lui que pour des raisons variées des camarades étaient partis en avance, que d'autres rejoindraient plus tard, et que nous étions les seuls à avoir suivi le programme.

Cette satisfaction flatteuse du devoir accompli aurait dû nous procurer un sommeil angélique jusqu'à l'arrivée à Zurich : mais hélas ! nous sommes en Suisse et à chaque instant le conducteur est obligé, pour son service, de traverser les voitures en faisant claquer les portes, ce qui réveille en sursaut les malheureux voyageurs. Au bout de six heures de ce manège, on envie les nègres du Congo et leur maladie du sommeil.

O Helvétie, toi si accueillante pour tes hôtes et tes visiteurs, ne pourrais-tu, dans tes rares trains de nuit, leur épargner pareil supplice ?

A Zurich, jonction avec un premier groupe parti en avance. Cela sent les gens mariés, qui aiment mieux passer la nuit ailleurs qu'en chemin de fer. Il y a un chef d'orchestre, et tout d'abord je me méfie d'un homme qui a l'habitude de mener son monde à la baguette.

Erreur complète, et pour une fois nous avons affaire à un musicien qui n'est pas grincheux et que nous apprécierons

Cliché G. Berge.

Refuge Kaiser Franz Joseph et Gross Glockner

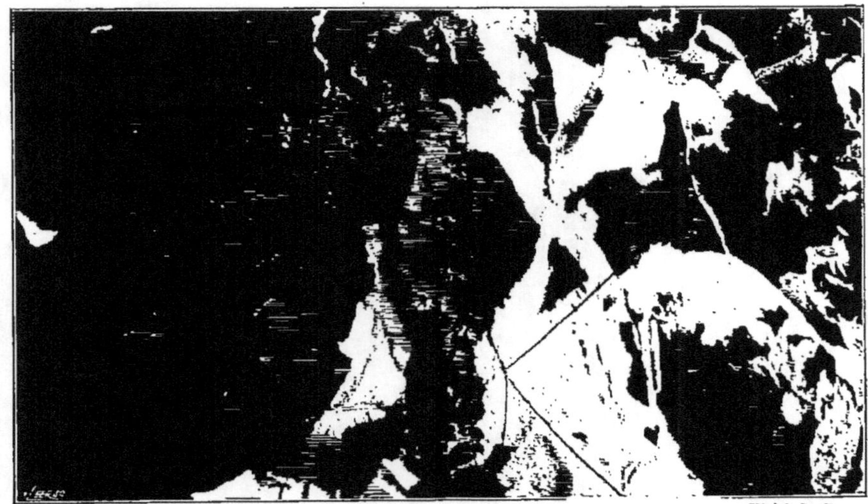

Lyon. — Imp. Vitte.

Cliché G. Berge.

Au Gross Glockner

tous, au contraire, comme un très bon et obligeant camarade.

Nous quittons la Suisse à Buchs, et passant, à Vaduz, nous « filons doux » devant la principauté de Liechtenstein, dont l'armée, bien que modeste, serait encore supérieure en nombre à notre collective.

Voici Feldkirch, puis Bludenz et son vieux château, et nos deux locomotives, l'une tirant, l'autre poussant, commencent la montée des pentes de l'Arlberg.

A l'altitude de 1.300 mètres, laissant la route s'élever encore jusqu'au col, nous nous engouffrons dans le petit trou noir connu sous le nom de tunnel de l'Arlberg et qui a l'honneur de relier le bassin du Rhin au bassin du Danube. Au bout de 10 kilomètres, nous sortons des entrailles de la montagne pour déboucher dans le clair paysage alpestre de Sanct Anton. Un petit hôtel de séjour nous apparaît, tout à fait engageant, mais nous sommes attendus ailleurs et nous passons. Il paraît que cet hôtel est ouvert durant la saison hivernale et nous pensons aux bonnes parties de skis qu'on doit y faire dans les pentes de neige environnantes...

Nous commençons à descendre le long d'un torrent fort utilisé déjà par l'industrie. La plupart des humbles villages de cette vallée sont agrémentés d'une cheminée d'usine faisant concurrence, pour la hauteur, au fin clocher effilé de l'église catholique. Et on se demande involontairement si ceci ne tuera pas cela : car l'usine, partout où elle s'établit, apporte aux malheureux montagnards un peu d'argent, mais elle leur prend en échange leur honnêteté et leur simplicité qui étaient peut-être leur véritable richesse.

A Landeck, on est déjà dans la vallée de l'Inn et le train côtoie la rivière jusqu'à Innsbruck, la jolie petite capitale du Tirol.

C'est avec un plaisir véritable qu'après un voyage de vingt heures nous tombons dans les bras de notre commissaire, M. Dannhauser, parti en avance pour tout préparer, et qu'avec lui nous déambulons par la ville, flânant ou complétant notre « matériel » par quelques acquisitions de la dernière heure.

Les membres de la caravane A se munissent notamment de kletterschuhe, les souliers du grimpeur, à semelles de corde, dont l'adhérence est recommandée dans les escalades de rochers. Notre commissaire nous affirme que l'utilité de ces ustensiles est tellement démontrée, que les guides refuseront de nous accompagner dans certaines ascensions, si nous voulons conserver nos souliers ferrés. Nous sommes à demi-convaincus, mais nous trouvons que c'est une sage précaution, en tout cas, de la part de ces braves guides. Ils savent que tout est périssable en ce monde, que les montagnes sont destinées à s'abaisser, comme l'a dit l'Ecriture, et ils peuvent penser qu'elles s'abîmeront beaucoup moins vite si on y grimpe avec des pantoufles.

Nous rencontrons par les rues beaucoup d'autres alpinistes, nos congénères, portant la plume au chapeau (l'escarcelle pleine, nous l'espérons pour eux) mais aussi des vêtements couleur oseille et des bas couleur épinards. Les guides, ainsi que les touristes qui se respectent, ont la petite culotte courte laissant le genou découvert ; leur visage est basané et l'autre côté aussi, car on fait de la varappe dans ce pays, et les hardis grimpeurs craignant le trop fréquent trou à la lune ont un fond de pantalon garni de cuir ou de peau de chamois.

Heureusement, et bien qu'il fût vêtu comme nous tous à la mode alpine française, notre commissaire exhibait un bel « envers » en peau de chamois, sauvant ainsi l'honneur de la caravane dans la grande rue Marie-Thérèse.

Agréable réveil, le lendemain, en entendant les joyeux appels d'un retardataire, le docteur Grisel, arrivant de Sallanches. Lui aussi est un vétéran de la course de 1903 dans les Dolomites et il s'est bien gardé de laisser passer cette seconde occasion de revoir, en bonne compagnie, le charmant pays tirolien.

Hélas ! un autre médecin nous manque, le docteur Siraud, vice-président de la section, retenu à Lyon par le devoir professionnel, et le télégraphe commence à jouer pour avoir des nouvelles de la cliente qu'il « attend » et qui nous fait attendre aussi.

Deux heures de chemin de fer et nous descendons à Kufstein, dont nous admirons le château moyenageux.

Nous sommes encore ici sur les bords de l'Inn, à la frontière de la Bavière et au pied du massif des Kaisergebirge, notre premier terrain d'évolution. Nous pénétrons dans le massif par une longue vallée assez étroite Quatre heures de marche sur un excellent chemin muletier nous amènent au beau refuge de Hinterbärenbad, dans un site tout à fait sauvage.

Nous y « déposons » notre caravane B et le trop-plein de nos sacs. Tandis que nos collègues prennent possession de leurs chambres et ouïssent les explications relatives à la course de la Ellmauer Halt qu'ils doivent faire le lendemain, nous examinons les sommets qui s'offrent à nos regards.

Ils sont d'élévation modérée, 2.200 à 2.400 mètres en moyenne, mais très abrupts et rébarbatifs. Cette partie des Kaisergebirge est justement nommée : les Wilden Kaiser.

Pourtant le pic le plus rapproché de nous a presque une allure débonnaire et je demande à notre commissaire s'il connaît le nom de ce « bobêchon ».

Mon Dieu ! quelle profanation je venais de commettre... Tel un homme convaincu de lèse-majesté, j'écoute avec humilité un discours sévère ; il en résulte que le sommet s'appelle le Todtenkirchl, que j'ai été plus qu'irrévérencieux à l'égard d'une pointe où plusieurs alpinistes se sont déjà cassé le cou et qu'il faudrait savoir si ce « bobêchon-là » ne me donnerait pas du fil à retordre au cas où je voudrais essayer d'y grimper !

Et nous voilà riant de l'histoire et montant avec nos guides le petit sentier du Stripsenjoch, où notre caravane doit coucher à l'altitude de 1.580 mètres. La nuit tombe quand nous y arrivons et nous voyons briller en bas les lumières d'Hinterbärenbad où sont restés nos camarades. Vers eux vont nos souhaits de bon repos, tandis que nous gagnons nous-mêmes les confortables couchettes de notre refuge.

Le lendemain nous partons dès l'aube à destination de la Karlspitze (2.291 mètres). Pas de piolets, des sacs ultra légers contenant seulement nos « kletterschuhe » et des vivres réduits, car nous devons être de retour vers midi.

Nous suivons nos guides qui avancent d'un pas rapide et en moins d'une heure et demie nous atteignons le pied de la paroi, dans un site véritablement sauvage et impressionnant qui s'appelle le Schneeloch (trou de neige). Nous sommes sur un vaste champ de neige glacée d'une inclinaison modérée, environné de tous côtés par des parois abruptes qui le couvrent de leur ombre. Parmi ces parois se dresse d'un seul jet celle du Todtenkirchl, le « Bobêchon » de la veille, dont M. Dannhauser nous fait constater l'aspect vraiment intimidant de ce côté. Nous lui rendons toute notre estime et, substituant à nos souliers ferrés les kletterschuhe, nous nous livrons aux charmes d'une escalade que les manœuvres de corde rendent d'ailleurs moins difficile qu'elle ne le paraît.

Après un certain temps consacré à cette gymnastique, nous aboutissons à un petit col entre deux pointes, et comme rien ne nous presse, nous décidons de les gravir toutes deux. A ce moment se place le seul incident de la journée. Nous avons quitté la corde pendant le repos, et la grimpée devenant

bien plus facile, nous montons librement les uns derrière
les autres, quand notre commissaire, perdant pied malgré
ses kletterschuhe à adhérence brevetée, glisse et vient choir
rudement sur son voisin. Celui-ci est heureusement le docteur Grisel dont la robuste poitrine reçoit le choc sans
broncher. Nous reprenons alors la montée avec un peu plus
de circonspection et nous sommes bientôt au premier sommet, d'où nous gagnons ensuite aisément le véritable sommet de la Karlspitze.

Il est 10 heures du matin : des nuages noirs commencent
à courir dans le ciel, contribuant à rendre plus sévère
encore le paysage qui nous entoure. M. Dannhauser nous
montre en face de nous une voie de descente du Todtenkirchl particulièrement difficile, une certaine brèche que
l'on ne peut atteindre qu'avec un bon guide, aux prix de
mille efforts et de deux cents couronnes, sans compter la
couronne « mortuaire » qui pourrait éventuellement faire la
deux cent unième.

Notre descente s'effectue par un autre versant, puis, un
col, que nous traversons, nous ramène au Stripsenjoch à
l'heure de midi, avec l'exactitude de bons bourgeois qui
reviennent de leur promenade.

Tel est le genre des courses dans les Wilden Kaiser. Une
légère témérité n'est pas inutile pour y alpiniser, mais, par
contre, l'endurance physique n'est guère mise à l'épreuve.
Vu la faible altitude il n'y a pas non plus à compter sur les
sublimes spectacles des hautes cimes. On part d'un refuge
confortable, une heure ou deux de marche avec des sa.s
légers vous amènent au pied d'une paroi plus ou moins mal
famée, à laquelle on livre un assaut souvent difficile, mais
rarement bien long. La règle générale est qu'un seul touriste marche avec un guide. En consultant le tarif, chacun
peut mesurer le danger que présenterait pour lui la course
projetée. Si elle est estimée 50 couronnes, un honnête père
de famille peut s'y risquer, mais si elle arrive à 100 ou 150
couronnes, le nombre des chances de se casser le cou s'ac-
croît en proportion.

Et ce sera, pendant tout le voyage, un beau sujet de con-
troverse que le point de savoir si ce genre d'ascension est
de l'alpinisme proprement dit ou bien un passe-temps
hygiénique et très fortifiant avec le piment du danger en
plus.

A grandes enjambées, nous descendons vers le refuge
d'Hinterbärenbad, où nous voulons recueillir la caravane B.
Joyeux et non fatigués de notre ascension à la Karlspitze,

nous chantons, et entraînées par ces chants, cinq ou six personnes, hommes et dames, nous emboîtent le pas.

Déception en arrivant au refuge. La caravane B n'est pas revenue encore de sa course à l'Ellmauer Halt. Nous l'accusons d'une foule de choses impardonnables, d'avoir fait la grasse matinée avant de partir, d'avoir ingurgité un déjeuner sardanapalesque et de cuver là haut, dans une sieste nonchalante, la griserie de l'air des sommets fortement additionné de vin blanc du Tirol.

C'est que nous voulons arriver à Kufstein pour le train et nous consultons fréquemment nos montres en supputant l'allure que nous pourrons tenir pour diminuer la durée normale du trajet. Nous préparons les sacs de la caravane B, nous lui réglons sa note; mais insensible à ces bons procédés, elle s'obstine à ne pas paraître. Il faut se décider à lui laisser une lettre explicative, et nos guides pour l'escorter jusqu'au point de ralliement, Mayrhofen, dans le Zillerthal. Nos guides ne parlent que l'allemand, aucun de nos camarades ne comprend un mot de cette langue, ils ne perdront donc pas de temps en discussions inutiles et se mettront en route, dès leur retour, pour l'étape que notre commissaire leur a choisie.

A grande vitesse nous suivons maintenant le chemin de Kufstein. Les minutes nous sont tellement comptées que nous ne pouvons nous arrêter pour annoncer nos camarades au petit hôtel situé à mi-chemin, où ils auront à coucher.

Le ciel, qui s'était montré menaçant jusque-là, passe de la menace à l'exécution au moment où nous débouchons dans la plaine de Kufstein, et nous arrivons à la gare consciencieusement trempés, ce qui vaut encore un certain nombre de malédictions amicales à la caravane B, cause de notre retard.

Il faut s'engouffrer dans les wagons en cet état et, cinq heures après, vers 11 heures du soir, un petit train nous amène à Mayrhofen, le Zermatt modeste du Zillerthal.

Hélas! le lendemain il pleut encore. Notre commissaire a tout préparé pour le départ dès que la caravane B nous aura rejoints. Elle arrive vers midi, aussi sombre que le temps, et l'orage crève immédiatement sur nos têtes. Nous subissons avec humilité le reproche d'avoir lâché nos camarades (d'autant plus que le fait est indéniable), mais nous plaidons les circonstances atténuantes : l'obligation d'être ici au plus tôt dans l'intérêt commun pour préparer les courses dans le Zillerthal, la peine que nous nous sommes donnée dans ce but, alors que nos collègues se prélassaient et festoyaient à l'Ellmauer Halt, enfin la certitude que nous avions de les savoir confortablement installés à l'abri du mauvais temps.

Ces paroles, que nous croyions apaisantes, firent bondir nos camarades, et ils nous répliquèrent amèrement que l'ascension de l'EllmauerHalt n'est pas ce qu'un vain peuple pense... Eux aussi avaient été parfois aux prises avec des difficultés, ils avaient, en tout cas, marché pendant toute la journée et consciencieusement jeûné au lieu de faire bombance, ils avaient été non moins mouillés que nous pour gagner le petit hôtel de la vallée et, pour comble de malheur, ils avaient failli se coucher sans souper (!) faute de pouvoir se faire comprendre.

Cette conclusion nous arracha des larmes... à force de rire, et bientôt la caravane B, consolée, cajolée et surtout convenablement restaurée, oublia ses misères de la veille et promit d'apprendre les quelques mots d'allemand nécessaires pour ne plus courir le risque de mourir de faim dans un hôtel, entre des plats de kaiserfleisch et de saucisses de Francfort.

Et la pluie tombait toujours ; c'était de la neige sur les sommets et la perspective pour la caravane A de manquer l'ascension du Petit et du Grand Greiner dont l'arête deviendrait impossible à tenter.

Le lendemain, le soleil se montre un peu et, remontant une vallée agréablement pittoresque, nous gagnons notre gîte, la Dominiscushütte (1.684^m). Chemin faisant l'arête des Greiner nous etait apparue, aérienne et toute blanche sous la neige, et aucun espoir ne nous restait d'aller lui rendre visite.

A l'aube suivante le temps promet d'être exécrable. Cependant nous devons atteindre, dans une haute vallée latérale, la Berlinerhütte, et pour cela passer un col à plus de 3.000 mètres, à moins de faire le tour, ce qui ne sourit à personne. Ce pays offrant des ressources merveilleuses pour l'alpinisme, nous décidons de monter jusqu'à un refuge plus élevé, la Furtschagelhaus (2.337^m), où nous délibérerons définitivement. Au surplus, nous espérons y rejoindre deux alpinistes viennois, M. Van den Hove et M. Langasch, qui constituent l'extrême avant-garde d'un groupe de collègues autrichiens qui doit venir au devant de la caravane lyonnaise quand elle approchera de Vienne.

Nous nous élevons, le long d'un torrent d'abord, puis par un bon petit sentier en lacets, admirant de temps à autre les glaciers et les pointes toutes blanches qu'on entrevoit de plus en plus rarement, hélas! à travers les déchirures des nuages. La Furtschagelhaus apparaît bientôt dans le brouillard, et, en entrant dans la salle à manger, nous avons le plaisir de trouver nos deux futurs compagnons. Confiants dans notre ténacité, ces messieurs ont eu l'amabilité de nous attendre avec leur guide du Zillerthal pour nous aider à franchir le passage du Schœnbichlerhorn, ordinairement aisé, mais que le mauvais temps va rendre sans doute aussi rébarbatif que son nom.

Notre troupe se met en marche; peu à peu toute trace de sentier disparaît sous la neige, tandis que le brouillard nous enveloppe et nous crible de flocons, mais le guide de nos camarades viennois est en tête, suivi des nôtres qui l'aident à faire la trace. De plus, les constructeurs du sentier, prévoyant le cas, ont fait des marques rouges assez nombreuses sur les blocs les mieux abrités. Lentement, mais sans arrêts, la caravane effectue cette obligatoire « course en sac » et, sans un traînard, nous arrivons au sommet de la petite pointe de 3.135 mètres appelée le Schœnbichlerhorn. Notre collègue Mme Moonen, est vivement félicitée pour son endurance et sa parfaite philosophie, ainsi que notre cher commissaire qui s'est subrepticement chargé d'une bouteille de champagne pour nous l'offrir là haut, bien convaincu que nous la mériterions !

« Ici est le Mœsele, là bas le Schwarzenstein que nous traverserons demain... » Ces explications se perdent dans le vent, on n'y voit goutte d'ailleurs et nous nous hâtons de descendre sur l'autre versant qui est heureusement à revers de la bourrasque. Ce sont d'abord des pentes de rochers, puis une arête facile où nous avons de la neige jusqu'au ventre, et bientôt nous retrouvons la trace du sentier, courant sur une moraine latérale.

A nos pieds est un grand glacier qui « tire la langue » comme nous-mêmes, dans la direction de la Berlinerhütte, et que nous traversons un peu plus bas. Nous foulons enfin la prairie rase, puis, ayant franchi un torrent encaissé qui gronde et écume, nous apercevons avec satisfaction l'immense refuge de la Section de Berlin du Club Alpin Allemand-Autrichien, le plus vaste, nous dit-on, parmi les refuges du Tirol.

Avant l'heure du dîner, nous faisons connaissance avec notre nouvelle demeure et, vraiment, nous ne pouvons qu'admirer. Bonnes chambres avec appareils de chauffage, grand séchoir, combien apprécié ce jour-là, bons lits, deux immenses salles à manger, dont une est presque luxueuse, un bureau de poste et de téléphone, et avec cela un tarif modéré comme dans tous les refuges du Club Alpin de la région.

Cette visite terminée, nous allons délibérer, tout en dînant, sur ce que nous ferons, ou plutôt sur ce que nous ne ferons pas le lendemain.

Le programme voudrait que nous traversions le Schwarzenstein, bon belvédère facile de 3.370 mètres pour gagner Taufers, au sud du massif, aller de là à Bruneck, faire l'ascension du Gross Glockner par son versant méridional, et le passer en col pour revenir au nord.

Franchir le Schwarzenstein avec l'accumulation de neige fraîche dont nous avions pu nous faire une idée au Schœn-bichlerhorn, paraît à peu près impossible, et si nous y réussissions, nous aurions encore à attaquer le Glockner par sa face la plus abrupte et nous serions exposés à manquer l'ascension pour cause de verglas dans le rocher. Nous décidons en conséquence de nous maintenir sur le versant nord.

Après le dîner, les cigares s'allument et quelques pipes aussi, dans les vastes salles à manger du refuge. Les nombreux alpinistes et les dames qui sont là ne semblent nullement déprimés par les deux jours de pluie qui les ont tenus bloqués dans une si confortable demeure. Des chanteurs improvisés se lèvent et on bat des mains ; deux ou trois chansons d'étudiants dont les refrains sont peu à peu repris en chœur par l'assistance obtiennent un succès énorme et celui qui les dit, d'ailleurs, chante et mime comme un véritable artiste. Il n'y a pas jusqu'à notre « kellnerin » qui, décrochant sa guitare, ne nous chante à demi-voix quelques lieds très simples dans le coin où nous avons modestement dissimulé nos vêtements boueux. Heureux pays où, grâce à de bons refuges, la dépression du baromètre n'en produit aucune chez les alpinistes.

C'est avec le brouillard encore que nous nous arrachons au petit jour à l'hospitalité de la Berlinerhütte.

Tournant le dos au Schwarzenstein définitivement abandonné, nous redescendons sur Mayrhofen et nous y laissons notre caravane B en la précieuse compagnie de MM. Van den Hove et Langasch, qui sauront désormais l'empêcher de mourir de faim.

Quant à nous, désireux d'avoir une revanche après nos échecs dans le Zillerthal et confiants malgré tout dans des jours meilleurs, nous prenons le train le soir même pour Jenbach, où nous allons dormir en rêvant à la conquête du Gross Glockner.

Au réveil, à Jenbach, la pluie tombe encore et c'est un nouveau succès pour le « parapluie de la Section », que son propriétaire arbore avec une reconnaissante ferveur.

Le baromètre de l'hôtel ne nous laisse pas ignorer que la journée sera maussade et l'on peut avoir confiance dans les honnêtes baromètres tiroliens, beaucoup moins civilisés que ceux des hôtels suisses, lesquels se cramponnent désespérément au beau fixe et ne se décident à tourner au variable que quand il fait un temps à ne pas mettre une éponge dehors.

Nous prenons le train à destination de Bruck-Fusch, à la poursuite du beau temps et du Gross-Glockner, auquel nous voulons demander une revanche de nos déboires dans le Zillerthal.

A Wörgl nous quittons la ligne de Munich. La gare est pleine d'alpinistes munis de piolets ou de gigantesques bâtons, suivant que leurs aspirations sont plus ou moins élevées et nous nous amusons à supputer, d'après la longueur de l'alpenstock et l'énormité du sac, le nombre de kilomètres ou de krümml' que le propriétaire est susceptible d'avaler.

Quelques dames exhibent déjà le costume demi-masculin d'ordinaire réservé à la haute montagne, mais comme la culotte est en général gracieusement portée, nous ne songeons pas à critiquer cet abandon prématuré de la jupe.

Nous allons maintenant dans la direction de l'Est : un joli défilé se présente, puis une montée dans un paysage verdoyant, vers Saint-Johann-en-Tirol et Hochfilzen, point culminant de la ligne à 969 mètres.

Autre défilé à la descente, à la sortie duquel nous découvrons le Steinerne Meer, massif montagneux très escarpé et sauvage et qui justifie pleinement son nom (la Mer de pierres). A travers ces roches aiguës, qui semblent de gigantesques lames figées à l'instant même où elles déferlent, un passage existe pour se rendre au délicieux Königsee, un des joyaux de la province de Salzbourg.

On voit maintenant des gens élégants aux diverses stations. Nous approchons de Zell-am-See, un séjour d'été très fréquenté.

Nous longeons le lac qui a quatre ou cinq kilomètres de long et que sillonnent des barques à ramés et à voiles : même un petit bateau à vapeur en dessert les rives. Voici Zell-am-See et ses jolis villas avec de grands hôtels de séjour. On y «fait de la toilette», fuyons!... Quelques minutes encore et nous débarquons à Bruck-Fusch, à l'entrée de la vallée de Fusch, une de celles qui aboutissent au massif du Gross-Glockner.

C'est à Bruck-Fusch que nous devons être rejoints le

lendemain soir par notre caravane B, et la tentation est terrible de l'attendre là, en profitant peut-être d'une éclaircie pour aller prendre un bain de civilisation à Zell.

Mais nous possédons des âmes aussi bien trempées que nos vêtements, et c'est au moment où les nuages s'entrouvent pour de nouveaux ruissellements que notre commissaire, stoïque, va retenir nos places dans la diligence de Fusch, afin de nous éviter une douzaine de kilomètres sur la route boueuse.

A 2 heures, au moment où les arrosoirs célestes sont promenés d'une manière particulièrement vigoureuse sur le verdoyant pays qui nous entoure, la petite voiture de la poste nous recueille devant l'hôtel. Elle nous conduira, ce soir, à Ferleiten, le dernier village de la vallée, où l'on peut trouver des guides et, de la sorte, nous aurons fait tout le possible pour réussir dans notre « course au Glockner ».

La vallée que nous remontons est assez étroite : nous croisons quelques alpinistes et promeneurs que le mauvais temps force à redescendre, et leurs regards ou leurs saluts semblent nous souhaiter une bonne chance, sur laquelle ils ne comptent guère pour nous.

Vers 6 heures, la voiture s'arrête au petit hameau de Ferleiten, à 1.150 mètres, et sur le seuil d'un hôtel de montagne simple mais de bonne apparence, — l'hôtel Lucashansl, — nous sommes reçus par un grand jeune homme en costume tirolien, le fils des propriétaires.

Très obligeamment il nous promet de nous procurer des guides dès que nous aurons pris une décision, mais il se montre tout à fait réservé quand il s'agit de pronostiquer le temps probable pour le lendemain. Sans grand espoir nous faisons pourtant nos préparatifs, car les rendez-vous donnés à notre caravane B et aussi à la caravane viennoise dans la Rax Alpe nous interdisent d'attendre ici le beau temps, ne fût-ce que vingt-quatre heures.

Demain matin, notre sort se décidera, et il faudra monter vers le Glockner ou redescendre à Bruck-Fusch.

Déjà nous sommes en retard. Nous ne pouvons, en effet, compter atteindre le sommet en un seul jour, puisque Ferleiten est à 1.150 mètres tandis que le Gross-Glockner s'élève à près de 3.800 mètres, et que cette différence d'altitude déjà fort respectable est portée à plus de 3.300 mètres par l'obligation de franchir un col et de perdre au cours du trajet 700 mètres de cote environ.

Notre ambition extrême est donc, si le temps se met au beau, d'aller coucher à l'Adlersruhe (le refuge du repos de l'Aigle) qui est à une heure et demie du sommet, à l'altitude de 3.465 mètres.

Pendant la nuit nous nous levons à différentes reprises pour voir le temps. Hélas, moins heureux que les astrologues d'autrefois, nous n'avons point d'étoiles à consulter, et au réveil définitif, à 4 heures du matin, la journée semble perdue.

Nous échangeons nos impressions dans la salle à manger, tandis qu'une bonne, endormie à moitié, nous apporte le café au lait du départ : et c'est un remords de plus d'avoir fait lever cette pauvre fille avec nous pour voir défiler les nuages et entendre crépiter les gouttes de pluie. Mais voici que le docteur Grisel, qui depuis un moment tâte le pouls au temps avec le même soin qu'à un de ses malades, revient et annonce que le vent a sauté. Sceptiques, mais émus, nous allons avec lui sur la terrasse et c'est vrai que là-haut, tout là-haut, un petit vent d'est semble charger les gros bataillons noirs. Ah ! le brave petit vent ! s'il tient bon pendant quelques heures. la charge sera probablement victorieuse...

Vite nous faisons demander le guide que nous n'avons pas osé arrêter la veille, tant notre tentative semblait désespérée. Vers 6 heures, nous voyons arriver un géant bourru, la barbe en broussailles, dont les bons yeux soupçonneux scrutent notre anatomie

Les dimensions de notre collègue, le docteur Grisel, ne lui disent rien qui vaille, et lorsque nous lui annonçons notre projet de coucher ce soir à l'Adlersruhe, il nous répond qu'il est trop tard et qu'on sera bien heureux d'arriver au Glockner Haus.

Le Glockner Haus est un grand refuge du Club Alpin allemand-autrichien, à 2.143 mètres d'altitude seulement, de l'autre côté du col de la Pfandlscharte que nous devons passer tout d'abord.

Cela ne fait guère notre affaire mais nous ne pouvons tirer de notre guide aucune autre promesse que de nous mener jusque-là aujourd'hui.

Les petits préparatifs sont lestement terminés et c'est à 7 heures moins un quart que nous quittons notre hospitalière demeure, située à 1 150 mètres, pour aller à la conquête d'un sommet de 3 800 mètres avec 700 mètres de descente à regagner en cours de route.

A grandes enjambées nous suivons la vallée assez large et en pente douce qui aboutit au pied des contreforts gazonnés d'abord, neigeux ensuite, que couronne le col. Au commencement de la montée, notre commissaire, sous l'influence d'un sommeil trop léger et d'un sac trop lourd, donne au guide l'ordre d'aller moins vite. Celui-ci regarde avec commisération ces alpinistes qui voulaient tout à l'heure exiger de lui qu'il les conduisit en un jour jusqu'à l'Adlersruhe et qui présentent déjà des signes de défaillance une heure après le départ. Mais du moment que le mal de notre commissaire est diagnostiqué le remède est vite trouvé.

Là-haut dans le sentier quelqu'un dévale rapidement vers nous et à son allure nous reconnaissons qu'il s'agit d'un guide.

Le sac trop rempli est mis à terre et chacun fait la critique du chargement ; les objets non indispensables sont impitoyablement mis de côté, et quand le guide descendant passe on les lui confie pour les déposer à l'hôtel Kronprinz, à Bruck-Fusch, où nous devons retourner le surlendemain.

Dès lors, notre commissaire monte allègrement les lacets du sentier et peu à peu on voit que notre guide se rassure sur notre compte. Il regarde encore de travers mon kodak qui est pour moi un prétexte à m'arrêter souvent, mais comme j'ai recommandé de ne pas m'attendre et qu'après tout je parviens toujours à rejoindre, il s'habitue à cette manœuvre et cesse d'accabler le traînard incorrigible de ses coups d'œil impatientés.

Le vent a bien rempli son office. Les nuages semblent fondre sous le soleil de plus en plus chaud, et quand nous arrivons à 10 heures au col de la Plandlscharte, à 2.665 mètres, ses flèches d'or font étinceler la croûte diamantée de la neige sous un ciel irréprochablement bleu.

Devant nous sont des traces pour la descente, mais au lieu de les suivre, notre guide nous fait prendre une autre direction. Nous longeons une barre de rocher, dévalons quelques centaines de mètres dans un large couloir et aboutissons à une sorte de « plan du lac ».

De là, un bon sentier remonte à flanc de montagne et nous faisons comme lui. A un tournant s'offre à nous la vue majestueuse du massif du Gross-Glockner, de l'autre côté de l'immense glacier de Pasterze qui est à nos pieds.

Et avec un bon sourire de satisfaction, notre guide nous montre déjà loin de nous, beaucoup plus bas, un grand refuge : c'est le Glocknerhaus qu'il nous a fait éviter pour gagner du temps, et maintenant nous savons que nous allons chercher notre déjeuner au refuge François-Joseph, à 2.400 mètres d'altitude.

Nous y arrivons à midi. Une quarantaine de personnes

remplissent la salle à manger d'où on a une vue superbe sur le Gross-Glockner. C'est un but de promenade très fréquenté par les villégiateurs d'Heiligenblut, une sorte de Chamonix des Alpes orientales, qui est à quelques heures plus bas dans la vallée où plonge le glacier de Pasterze.

Tout en réparant nos forces à table, nous calculons que nous avons pu monter, dans la matinée, près de 1.900 mètres, et qu'actuellement 1.200 mètres environ nous séparent de l'Adlersruhe, où nous avions eu ce matin l'ambition d'aller coucher.

Cette ambition nous paraît très légitime, car nous sommes en bon état et le soleil n'est qu'à la moitié de sa course. Il faut aller consulter notre ours, c'est-à-dire le guide.

La réponse est brève : « Nous irons à l'Adlersruhe, ce soir, mais nous pouvons nous reposer ici jusqu'à 3 heures, je ne marche pas par la chaleur. »

Cela ne fait pas notre compte, car nous désirons justement avoir le grand soleil ou au moins le grand jour jusque là-haut s'il est possible, tant pour ne rien perdre de la beauté du paysage, qu'à cause de la photographie, et nous sommes disposés à sacrifier notre bien-être à ces considérations.

Gentiment nous le lui expliquons, en lui offrant de se reposer s'il le désire, tandis que nous irons en avant.

A 1 h. 1/2, nous partons, et le guide, qui est après tout un brave homme, se décide à nous accompagner.

Nous commençons par descendre de 200 mètres environ (pour n'en pas perdre l'habitude) sur le glacier de Pasterze, très crevassé, mais très plat et sans aucun danger. On n'y fait nullement usage de la corde et c'est un vrai glacier pour promeneurs.

Au bout d'un kilomètre et demi environ, nous atteignons l'autre rive, et tout aussitôt nous nous engageons dans les escarpements du Gross-Glockner par un petit sentier tracé ou taillé à flancs de montagne, qui aboutit au glacier supérieur.

A 5 h. 1/2 du soir, nous faisons notre entrée dans le refuge de l'Adlersruhe, à 3.465 mètres, un des plus élevés des Alpes autrichiennes. C'est un refuge gardé qui nous a semblé pouvoir contenir une trentaine de personnes ; il comporte une cuisine, une salle à manger, un dortoir pour les touristes avec lit de camp, et un dortoir pour les dames.

Dans la petite salle, nous dégustons maintenant un de ces potages fumants dont les alpinistes connaissent les effets « maggiques ».

A la première assiette, nous nous félicitons d'être arrivés

jusque-là, car demain, en deux heures de grimpée, le sommet sera à nous.

Mais à la seconde assiette, nous échangeons des phrases plus ambitieuses :

« Nous ne sommes plus qu'à 350 mètres du sommet, on doit pouvoir encore faire cela...

— Il est probablement trop tard pour y arriver, mais on pourrait toujours reconnaître la route et surtout jouir du spectacle du coucher du soleil...

— Avec d'autant plus de raison, que nous ne sommes pas sûrs du beau temps demain à son lever... »

Et en effet, nous avons la hantise du mauvais temps auquel nous n'échappons que depuis un jour. Mais que faire pour le guide ? Il est certain qu'il ne voudra pas monter là-haut à pareille heure, et que, de plus, il nous donnera d'excellentes raisons pour nous empêcher d'y monter.

Il s'agit de désigner l'un d'entre nous pour « palabrer », et comme M. Dannhauser, notre excellent commissaire, parle trop bien l'allemand et que la discussion pourrait s'éterniser, c'est moi qu'on envoie, parce que je le parle fort mal et qu'ainsi les choses iront rondement.

D'ailleurs notre « ours » n'est pas amateur de longues phrases.

« Il est 6 h. 1/2, guide, et nous voulons monter vers le sommet ce soir.

— Il est trop tard.

— Vous avez raison, guide, et c'est nous qui avons tort de partir à pareille heure, mais nous voulons voir le panorama pour le cas où il ferait mauvais temps demain.

— Je n'y vais pas.

— Nous trouvons naturel que vous ne vouliez pas monter maintenant, donnez-nous seulement la corde et nous allons partir immédiatement pour être de retour avant la nuit. »

Encordés, avec l'aide du guide qui ne nous tient pas rigueur, nous partons seuls sur la grande croupe neigeuse qui va s'amincissant toujours pour aboutir à l'arête rocheuse conduisant au sommet. Malheureusement le vent du soir s'est élevé, et le froid est vif quand nous atteignons les rochers plaqués de neige et de glace. Mais autour de nous le spectacle est superbe des nuages pourpres qui courent échevelés dans le ciel, au-dessus des massifs montagneux dont les pointes sont roses, tandis que dans les fonds une brume bleuâtre se forme déjà, précédant la nuit qui va envelopper toutes choses.

Il est près de 8 heures quand nous parvenons au second sommet du Glockner, à 80 mètres plus bas que le sommet véritable.

Là, une brèche profonde se présente à nos pieds et nous sépare de lui ; nous calculons qu'une demi-heure nous serait nécessaire pour y descendre et remonter dans la paroi qui nous fait face, à la condition encore qu'elle ne nous réservât aucune surprise.

Mais cela fait, le retour nous serait certainement impossible : adieu le lit de camp du refuge et ses bonnes couvertures bien chaudes, car nous ne les verrions que dans un rêve (et un mauvais rêve) sur les durs rochers de l'arête, où la nuit nous immobiliserait jusqu'à l'aube.

La retraite est donc décidée, et, au surplus, notre but est atteint.

Nous donnons encore quelques minutes à la contemplation du spectacle qui s'offre à nous : tout devient peu à peu lugubre et presque hostile, le soleil a disparu et ses lueurs, à l'ouest, s'affaiblissent en un triste crépuscule, les glaciers prennent une teinte livide, les couloirs, à nos pieds, sont de vastes entonnoirs d'ombre et le vent âpre fait rage dans cette nature désolée.

Mais nous, joyeux d'avoir réussi au delà de nos espérances, nous reprenons avec précaution le chemin déjà parcouru, riant de la lutte engagée par le vent contre nos pèlerines, qu'il nous faut d'ailleurs enlever, malgré le froid, pour éviter quelque fâcheux déplacement d'équilibre.

L'obscurité est complète quand nous arrivons à la neige, mais dans la lueur qu'elle projette les traces sont aisées à suivre, et à 9 heures du soir, nous sommes de retour au refuge, ayant bien gagné notre troisième assiette de « maggi ».

Une dizaine de touristes s'y trouvent réunis, dont deux dames, et tous seront nos compagnons demain, quand nous remonterons au Gross-Glockner. Nul ne s'attarde d'ailleurs autour de la petite table du premier refuge modeste que nous voyions ici, et nous ne sommes pas fâchés, en ce qui nous concerne, d'aller reposer nos jambes qui ont fourni en quatorze heures, arrêts compris, 3.300 mètres de montée et un millier de mètres de descente, le tout sans surmenage excessif, grâce aux sentiers qui, dans cet heureux pays, conduisent jusqu'aux bords des glaciers.

Le lendemain il est encore nuit quand se produit ce réveil mutuel, bien connu des alpinistes dans les chalets. L'un s'étire, l'autre demande l'heure à son voisin, un troisième va voir le temps qu'il fait, des conversations commencent à voix basse ; mieux vaut ne pas rester couché davantage, car on ne dormirait plus.

A la lueur falote des lanternes, on s'habille et la toilette est sommaire. N'est-il pas recommandé d'ailleurs de ne pas se laver pour diminuer les chances de coup de soleil ?

Le temps est décidément superbe encore ce matin et le Gross-Glockner nous donne royalement notre revanche. A la porte du refuge, les caravanes se forment, si on peut appeler ainsi des cordées composées d'un guide et d'un seul touriste, comme c'est la règle ici.

Notre caravane française ne tarde pas à attirer l'attention, car elle présente un aspect bizarre. Les touristes qui la composent sont encordés ensemble, mais non le guide qui marche librement devant elle afin de ne pas enfreindre la règle des deux unités. Les autres guides paraissent s'amuser beaucoup de cette combinaison, pas plus que nous, assurément, qui aimons mieux grimper à notre guise que de jouer le rôle d'un ballot tiré au bout d'une corde.

Nous reprenons l'arête de la veille, mais maintenant elle est baignée d'une intense lumière, le vent a cessé, et c'est jusqu'au fond qu'on peut admirer les impressionnants couloirs qui vont plonger dans le glacier.

L'arête rocheuse du Gross-Glockner qui peut être parcourue aujourd'hui en une heure par un alpiniste moyen, a dû en demander trois ou quatre autrefois à des grimpeurs exercés. Elle est vraiment « aérienne » et il ne devait pas faire bon s'y raconter des histoires de derrière les fagots, la moindre inattention pouvant vous envoyer, soit à gauche soit à droite, rouler à un millier de mètres.

Mais aujourd'hui qu'elle est tapissée de câbles, piquée de mains de fer, de barres ou d'anneaux, les guides y « montent » des touristes de tout gabarit, des dames frêles ou dodues, on y a monté une croix, on y monterait même le matériel de l'*Alpe héroïque* !...

Nous voici parvenus au second sommet du Glockner atteint la veille et devant nous s'ouvre la brèche profonde qui nous a arrêtés.

A cette heure et en si nombreuse compagnie, elle n'a plus rien de sinistre et le spectacle qui s'y déroule nous apparaît, au contraire, comme infiniment joyeux.

Il y a les touristes entraînés qui descendent bravement et remontent de même le long de la paroi d'en face, celle du pic terminal, mais il y a aussi ceux qui ne trouvent jamais les prises et qui ont l'air, aux mains de leur guide, d'araignées balancées au bout de leur fil de soie.

Ceux-ci sont plus particulièrement la proie des photographes, auxquels, d'ailleurs, ils se livrent volontiers en accentuant le pittoresque des poses, car tout le monde ici s'amuse ; on est moqueur mais bon enfant, comme il convient entre alpinistes.

Enfin le sommet est atteint et plus de vingt personnes, dames, touristes et guides s'y casent de leur mieux sur les rochers ou dans la neige, admirant un panorama réputé et qui, sous ce ciel splendide justifiait pleinement sa réputation.

Cette belle fête des yeux nous dédommageait amplement de nos déboires dans le Zillerthal et nous passions une heure délicieuse dans la contemplation des massifs tiroliens, étincelants dans la lumière de cette journée incomparable.

Le soir même nous revenions coucher dans le bon petit hôtel de Ferleiten où nous étions arrivés deux jours avant, si peu confiants dans le succès.

Le lendemain à Bruck-Fusch, nous avions des nouvelles de notre caravane B qui n'avait pu nous attendre et poursuivait de son côté l'exécution de son programme. Nous allions la revoir bientôt à Hieflau, où elle devait se trouver après une ascension à la Planspitze, un des plus beaux belvédères de la haute vallée de l'Enns.

C'est pour nous une journée entière à passer en chemin de fer, mais combien agréable encore sur ces petites lignes de montagne où le train grimpe ou descend lentement au milieu de beaux paysages !

C'est Seltzthal, dont la gare est le centre d'un joyeux mouvement de touristes, Admont, avec sa superbe abbaye de Bénédictins bâtie sur un mamelon boisé, et l'admirable défilé des Gesäuse, au fond duquel rampent à la fois l'Enns, la voie ferrée et une route étroite entre des parois de rochers où s'accroche la végétation alpestre.

A Hieflau, dans une gorge latérale qu'une importante fonderie ne parvient pas à enlaidir, nous trouvons un camarade de la caravane B qu'une irritation dorsale causée par l'échauffement du sac a empêché d'aller avec les autres à la Planspitze. Les bons soins d'un collègue qui « étudie » la médecine ont fait le reste. Par l'effet de l'alcool camphré, prescrit par ce dernier, le dos est absolument à vif, et il n'y a plus qu'à se rendre chez le médecin d'Hieflau, qui, avec un badigeon de pommade adoucissante, saupoudré de poudre d'amidon, transforme bientôt ce pauvre dos endolori en un gâteau appétissant.

La caravane de la Planspitze nous rejoint dans la soirée : elle s'est augmentée de quelques collègues autrichiens venus jusqu'ici à notre rencontre.

Le lendemain, nous roulons encore en chemin de fer jus
qu'à Payerbach au pied du plateau de la Rax Alpe où rendez-
vous est pris avec les collègues viennois. Deux « clous »
pendant ce trajet. C'est d'abord la région de l'Erzberg, dont
le centre est Eisenerz. La montagne est pratiquement en fer.
Des voies sont tracées en lacet sur ses flancs, et on voit
les petites locomotives traîner le minerai vers les hauts-four-
neaux : c'est la plus gigantesque exploitation qui existe en
Europe.

Après que le train a franchi le col de Prébichl, à 1.200
mètres, on arrive sans autres « préliminaires » à Léoben,
capitale d'une région minière et qu'arrose la Mür.

L'autre « clou » du trajet, c'est la traversée du Semmering
avec ses collines boisées, ses gorges, sa jolie route en lacets
que parcourent quelques automobiles, les premières que
nous voyons depuis que nous sommes en Autriche.

Au sommet quelques hôtels blottis dans les sapins.

Et puis c'est la descente dans le même paysage agréable
jusqu'à Payerbach, centre de séjour élégant où foisonnent
les villégiateurs et les touristes qu'attirent les deux massifs
voisins du Semmering et de la Rax.

Nous n'avons garde de nous laisser séduire par les délices
de la petite Capoue alpestre, car une perspective plus sédui-
sante nous entraîne vers le refuge Archiduc Charles-Louis
où nous devons rencontrer le gros de la caravane viennoise.

Pour monter sur le plateau de la Rax, les voies d'accès
sont nombreuses et, chose un peu étrange au premier
abord, elles ont été pour ainsi dire cataloguées suivant les
difficultés qu'elles présentent. Ce massif, dont les points
culminants sont compris entre 1.600 et 2.000 mètres, sert
d'école d'alpinisme aux Viennois qui s'y rendent en deux
petites heures de chemin de fer.

Les chemins, sentiers ou passages sont gradués de O
à VIII et il y a naturellement encore des itinéraires « hors
série » pour les grimpeurs émérites. Les dames sont très
friandes de ces escalades : elles sont plus à leur portée que
l'alpinisme tel que nous le concevons, avec ses fatigues
prolongées et l'endurance qu'il exige.

Là, il s'agit de passages qui ne sont jamais bien longs, où
les bras travaillent autant que les jambes, ce qui diminue la
fatigue, et dès lors les dames, avec leur façon très souple
de se mouvoir, peuvent arriver à conquérir les mêmes lauriers, ou peu s'en faut, que leurs camarades masculins.

Mais que valent ces lauriers, c'est ce qu'on ne saurait
discuter, car c'est affaire de mentalité et d'ambiance.

Tout ce qu'on peut en dire c'est que dans notre opinion la plus admise, nous concevons le danger couru dans une ascension comme la rançon du but poursuivi. La recherche des sublimes spectacles de la haute montagne, le désir d'ouvrir une voie nouvelle, sont pour nous des excuses à l'éventualité d'une catastrophe, et quand elle se produit dans ces circonstances, nous nous inclinons bien bas devant la victime tombée dans la lutte.

Nous croyons que notre esprit n'est pas préparé à plaindre de la même manière le grimpeur qui choisit le passage O au lieu du passage V ou VI pour aboutir à un plateau de médiocre élévation comme la Rax, et où, par cela même, la nature ne peut atteindre au grandiose qui absout toutes les témérités.

Un malheur arrivant dans de telles conditions sera toujours un malheur, mais il semble que pour entraîner la commisération générale des alpinistes il y manquerait cette auréole qui vient de l'idéal poursuivi.

Il n'en demeure pas moins vrai que, dépouillé de quelques exagérations ou puérilités dont on nous a parlé ou dont nous avons été témoins, ce goût de la jeunesse d'une grande capitale pour les sports de la montagne est une chose excellente en soi.

La Rax, le Semmering et autres massifs à proximité de Vienne sont des sources de santé en même temps que des écoles de courage et d'adresse, et s'il y a quelques victimes inutiles sur la route, le résultat final ne peut qu'être admiré.

Sans parler du Club Alpin Allemand-Autrichien et de sa force imposante de soixante mille membres, la Société des Touristes autrichiens dont nous allions recevoir l'hospitalité au Karl-Ludwig Haus, ne compte pas moins de quatorze mille membres, et elle est propriétaire à elle seule de 84 refuges.

Que de gens arrachés aux prétendues distractions des villes et entraînés vers les joies salutaires et l'air vivifiant de la montagne !...

Un orage vient de hurler sur nos têtes au départ de Payerbach et des gouttes de pluie tombent des branches des sapins. De plus, l'heure s'avance et c'est sans grande conviction que M. Dannhauser nous propose de monter à la Rax par un passage digne de nous. Nous préférons la « route » ordinaire et c'est en effet par un chemin de chars digne de la cote VIII que, sous la conduite de nos collègues viennois, MM. Van den Hove et Langasch, nous atteignons avant la nuit le Karl-Ludwig Haus, à 1.816 mètres, un des beaux refuges de la Société des Touristes autrichiens.

Nous sommes reçus dans une salle à manger spacieuse, toute vitrée, et déjà nous faisons en dînant la connaissance de plusieurs membres de la Société qui ont pu quitter Vienne assez tôt pour venir coucher au refuge. Puis nous visitons la demeure et nous admirons plusieurs chambres décorées avec un soin particulier, et on nous explique que certains membres ont été autorisés à installer des chambres à leur guise et qu'en retour ils ont le droit d'en disposer quand ils séjournent à la Rax.

Très hospitalièrement quelques-unes de ces chambres de choix nous sont attribuées, et nous y goûtons un repos agréable, bercés par la musique un peu impérieuse du vent.

Le lendemain, Borée règne en maître sur le plateau; les premiers qui sortent du refuge doivent se découvrir devant lui et, qui plus est, courir comme des lièvres après leurs coiffures.

Que faire? Le programme avait prévu des descentes et des montées d'une acrobatie sagement graduée en la compagnie de nos camarades autrichiens, mais avec un vent pareil, capable de vous jeter par terre, le programme lui-même s'envolait dans la rafale.

Nos hôtes nous orientent vers des « cheminées » connues d'eux et situées à l'abri du vent, et la matinée se passe en de menues escalades, avec ou sans manœuvres de cordes, et nous pouvons apprécier l'adresse et le parfait sang-froid de nos gracieuses compagnes viennoises.

Toutes portent la veste, le pantalon bouffant et les guêtres; quant à la jupe, elle est roulée dans le sac ou laissée au refuge comme étant incommode dans le rocher et dangereuse par les chutes de pierre qu'elle provoque.

De retour à midi au Karl-Ludwig Haus, nous déjeunons gaiement avec une quinzaine de membres de la Société venus à notre rencontre, et des toasts amicaux sont échangés, souhaits de bienvenue adressés par M. Van den Hove à la caravane lyonnaise, remerciements exprimés en son nom par M. Dannhauser et M. Berge à ceux et à celles qui l'accompagnent dans les belles montagnes de l'Autriche.

Le vent ne paraît pas près de désarmer et les scènes les plus amusantes se passent au dehors dès que les partants franchissent le seuil du refuge : pris dans des tourbillons, poussés dans des directions variées, ils semblent tomber subitement sous l'influence des petits vins du Tirol dont la cave est largement approvisionnée.

Nous décidons alors de ne pas passer une seconde nuit au refuge, dans l'espoir, désormais improbable, d'expérimenter les différents casse-cou de la Rax, et nous allons partir pour Vienne.

Nous empruntons, pour la descente, le passage du Bismarksteig, modestement classé sous le numéro V, et qui a l'avantage d'être absolument à l'abri du vent.

Le Bismarksteig rappelle la fable des chameaux et des bâtons flottants : de loin c'est quelque chose et de près ce n'est rien. Au surplus il a été choisi exprès pour que tous les membres de nos différentes caravanes puissent y passer.

On longe une paroi d'allure très rébarbative, en empruntant un léger renflement entre un à-pic au-dessus et une déclivité équivalente à un à-pic au-dessous. Mais il y a un tel luxe de crampons, d'étriers et de câbles fixés au rocher que la fille peut, sans danger, y conduire sa mère. L'endroit est bon pour s'habituer au vertige, mais le danger de chute est nul tant les prises sont rapprochées et solidement établies.

Il paraît qu'il n'en est pas de même pour les objets, et un de nos camarades autrichiens raconte qu'après les beaux dimanches de l'été, où il y a foule dans les passages faciles de la Rax Alpe, des paysans viennent faire, sous le passage du Bismarksteig, la cueillette des bâtons, des pèlerines et autres ustensiles échappés des mains des touristes.

Cette anecdote n'est pas perdue pour le docteur Grisel, qui taquine notre commissaire, depuis le début du voyage, à propos de la Rax ; il s'empresse donc de la lui « servir » avec toutes sortes d'amplifications humoristiques, pour lui démontrer que la montagne est truquée, qu'on y trouve des gens pour vous ramasser votre chapeau, et que si nous dévalions dans la pente du Bismarksteig, il y aurait probablement des matelas qui sortiraient automatiquement du rocher pour amortir notre chute et des masseurs pour nous frictionner les membres et nous présenter un cordial.

La descente joyeuse s'achève à Payerbach où nous prenons le train à destination de Vienne. C'est un dimanche soir et nous sommes aussi empilés que dans nos habituels trains de banlieue.

Deux heures de trajet à travers un paysage encore admirable, où dominent les prairies et les sapins déjà estompés par la brume du soir, et nous arrivons à Vienne, terminus de notre beau voyage.

Nous sommes une « Revue alpine », et le compte rendu de nos visites de monuments n'y saurait trouver place.

Mais ce qui touchera au contraire tous nos collègues de la Section lyonnaise, c'est le cordial accueil que notre caravane a reçu de la part de la Société des Touristes autrichiens.

De très nombreux membres nous avaient donné rendez-vous, le 27 août au soir, dans des jardins, près de Schœn-brunn, et, parmi eux nous retrouvions, sans aucune exception, tous les excellents camarades et les charmantes dames qui nous avaient accompagnés quelques-uns depuis le Zillerthal et Hieflau et à la Rax.

Après des apéritifs variés, dont certains, sous la forme de jambons et autres comestibles, ressemblaient singulière-ment à des plats de résistance, nous nous rendions pour dîner, en musique, au Volksgarten, où nous attendait M. le docteur Satzinger, l'un des vice-présidents de la Société.

Ensuite nous déambulions en groupe compact vers la « cave » de l'Hôtel de ville où avait lieu la réception que nous avions demandée non officielle à cause de notre petit nombre. Malgré cela, M. le docteur Matras, premier vice président, avait tenu à la présider avec M. le docteur Satzinger.

Et après que les plus délectables vins blancs de l'Autriche eurent coulé dans nos verres, — notamment un certain Gumpoldskirchner, que quelques-uns de nos collègues trouvaient bien plus agréable à boire qu'à épeler, — M. le docteur Matras prit la parole et son éloquente allocution fut traduite par M. Dannhauser et ponctuée par des bans vigoureux. Notre dévoué commissaire répondit ensuite en allemand et, en notre nom à tous, remercia chaudement la Société des Touristes autrichiens et les nombreux membres présents pour leur accueil si aimable, exprimant seulement le souhait de les revoir le plus tôt possible en France, en qualité d'hôtes de la Section lyonnaise.

Ainsi soit-il !   G. BERGE.

ILLUSTRATIONS

Le Grossglockner. — Vue prise du glacier de Pastergen. — Reproduction d'une photographie 9 × 12 de M. Berge.

Le Refuge Empereur François-Joseph et le Gross-Glockner.

L'arête du Gross-Glockner, vue prise dans la brèche qui précède le sommet, clichés de M. Gaston BERGE, avec objectif Steinheil.

55.964. — Lyon, Imp. et lith., Aug. Geneste, 71, rue Molière